DISCOURS

DE

MAXIMILIEN ROBESPIERRE,

SUR LA GUERRE.

SOCIÉTÉ

DES AMIS DE LA CONSTITUTION,

SÉANTE AUX JACOBINS, A PARIS.

Vivre libre ou mourir.

DISCOURS

DE

MAXIMILIEN ROBESPIERRE

SUR LA GUERRE,

Prononcé à la société des amis de la constitution, le 2 janvier 1792, l'an quatrième de la révolution.

LES plus grandes questions qui agitent les hommes ont souvent pour base un mal-entendu ; il y en a, si je ne me trompe,

A

même dans celle-ci ; il suffit de le faire cesser, et tous les bons citoyens se rallieront aux principes et à la vérité.

Des deux opinions qui ont été balancées dans cette assemblée, l'une a pour elle toutes les idées qui flattent l'imagination, toutes les espérances brillantes qui animent l'enthousiasme, et même un sentiment généreux soutenu de tous les moyens que le gouvernement le plus actif et le plus puissant peut employer pour influer sur l'opinion ; l'autre n'est appuyée que sur la froide raison et sur la triste vérité. Pour plaire, il faut défendre la première ; pour être utile, il faut soutenir la seconde, avec la certitude de déplaire à tous ceux qui ont le pouvoir de nuire : c'est pour celle-ci que je me déclare.

Ferons-nous la guerre, ou ferons-nous la paix ? attaquerons-nous nos ennemis, ou les attendrons-nous dans nos foyers ? Je crois que cet énoncé ne présente pas la question sous tous ses rapports et dans toute son étendue. Quel parti la nation et ses représentans doivent-ils prendre dans les circonstances où nous sommes, à l'égard de nos ennemis intérieurs et extérieurs ? Voilà le véritable point de vue sous lequel on doit

l'envisager , si on veut l'embrasser toute
entière , et la discuter avec toute l'exacti-
tude qu'elle exige. Ce qui importe, par dessus
tout, quel que puisse être le fruit de nos
efforts, c'est d'éclairer la nation sur ses véritables intérêts et sur ceux de ses ennemis;
c'est de ne pas ôter à la liberté sa dernière
ressource, en donnant le change à l'esprit public dans ces circonstances critiques. Je tâ-
cherai de remplir cet objet en répondant
principalement à l'opinion de M. Brissot.

Si des traits ingénieux , si la peinture
brillante et prophétique des succès d'une
guerre terminée par les embrassemens fra-
ternels de tous les peuples de l'Europe ,
sont des raisons suffisantes pour décider
une question aussi sérieuse , je conviendrai
que M. Brissot l'a parfaitement résolue ;
mais son discours m'a paru présenter un
vice qui n'est rien dans un discours aca-
démique , et qui est de quelque importance
dans la plus grande de toutes les discussions
politiques ; c'est qu'il a sans cesse évité le
point fondamental de la question , pour élever à côté tout son système sur une base absolument ruineuse.

Certes , j'aime tout autant que M. Brissot
une guerre entreprise pour étendre le règne

de la liberté, et je pourrois me livrer aussi au plaisir d'en raconter d'avance toutes les merveilles. Si j'étois maître des destinées de la France, si je pouvois, à mon gré, diriger ses forces et ses ressources, j'aurois envoyé, dès-long-temps, une armée en Brabant, j'aurois secouru les Liégeois et brisé les fers des Bataves; ces expéditions sont fort de mon goût. Je n'aurois point, il est vrai, déclaré la guerre à des sujets rebelles, je leur aurois ôté jusqu'à la volonté de se rassembler; je n'aurois pas permis à des ennemis plus formidables et plus près de nous de les protéger et de nous susciter au-dedans des dangers plus sérieux.

Mais dans les circonstances où je trouve mon pays, je jette un regard inquiet autour de moi, et je me demande si la guerre que l'on fera sera celle que l'enthousiasme nous promet; je me demande qui la propose, comment, dans quelles circonstances, et pourquoi?

C'est là, c'est dans notre situation toute extraordinaire que réside toute la question. Vous en avez sans cesse détourné vos regards; mais j'ai prouvé ce qui étoit clair pour tout le monde, que la proposition de la guerre actuelle étoit le résultat d'un projet formé

dès long-temps par les ennemis intérieurs de
notre liberté ; je vous en ai montré le but ;
je vous ai indiqué les moyens d'exécution ;
d'autres vous ont prouvé qu'elle n'étoit qu'un
piége visible : un orateur, membre de l'assemblée constituante, vous a dit, à cet
égard, des vérités de fait très-importantes ;
il n'est personne qui n'ait apperçu ce piége,
en songeant que c'étoit après avoir constamment protégé les émigrations et les émigrans rebelles, qu'on proposoit de déclarer
la guerre à leurs protecteurs, en même
temps qu'on défendoit encore les ennemis
du dedans, confédérés avec eux. Vous êtes
convenu vous-même que la guerre plaisoit
aux émigrés, qu'elle plaisoit au ministère,
aux intrigans de la cour, à cette faction
nombreuse, dont les chefs, trop connus,
dirigent, depuis long-temps, toutes les démarches du pouvoir exécutif ; toutes les
trompettes de l'aristocratie et du gouvernement en donnent à la fois le signal : enfin,
quiconque pourroit croire que la conduite
de la cour, depuis le commencement de
cette révolution, n'a pas toujours été en
opposition avec les principes de l'égalité
et le respect pour les droits du peuple seroit regardé comme un insensé, s'il étoit de

bonne foi ; quiconque pourroit dire que la cour propose une mesure aussi décisive que la guerre, sans la rapporter à son plan, ne donneroit pas une idée plus avantageuse de son jugement : or, pouvez-vous dire qu'il soit indifférent au bien de l'état que l'entreprise de la guerre soit dirigée par l'amour de la liberté, ou par l'esprit du despotisme, par la fidélité, ou par la perfidie? Cependant qu'avez-vous répondu à tous ces faits décisifs ? qu'avez-vous dit pour dissiper tant de justes soupçons ? Votre réponse à ce principe fondamental de toute cette discussion fait juger tout votre système.

La défiance, avez-vous dit dans votre premier discours, *la défiance est un état affreux : elle empêche les deux pouvoirs d'agir de concert ; elle empêche le peuple de croire aux démonstrations du pouvoir exécutif, attiédit son attachement, relâche sa soumission.*

La défiance est un état affreux ! Est-ce-là le langage d'un homme libre qui croit que la liberté ne peut être achetée à trop haut prix ? Elle empêche les deux pouvoirs d'agir de concert ! Est-ce encore vous qui parlez ici ? Quoi! c'est la défiance du peuple qui empêche le pouvoir exécutif de marcher ;

et ce n'est pas sa volonté propre ? Quoi !
c'est le peuple qui doit croire aveuglément
aux *démonstrations* du pouvoir exécutif ;
et ce n'est plus le pouvoir exécutif qui doit
mériter la confiance du peuple , non par
des *démonstrations* , mais par des faits ?
La défiance attiédit son attachement! Et
à qui donc le peuple doit-il de l'attachement ? est-ce à un homme ? est-ce à l'ouvrage de ses mains , ou bien à la patrie, à
la liberté ? *Elle relâche sa soumission!* A la
loi , sans doute. En a-t-il manqué jusqu'ici ?
Qui a le plus de reproches à se faire à cet
égard , ou de lui , ou de ses oppresseurs ? Si
ce texte a excité ma surprise , elle n'a pas
diminué, je l'avoue , quand j'ai entendu le
commentaire par lequel vous l'avez développé dans votre dernier discours.

Vous nous avez appris qu'il falloit bannir
la défiance , parce qu'il y avoit eu un change-
ment dans le ministère. Quoi ! c'est vous
qui avez de la philosophie et de l'expérien ce;
c'est vous que j'ai entendu vingt fois dire
sur la politique et sur l'esprit immortel des
cours , tout ce que pense là-dessus tout
homme qui a la faculté de penser; c'est
vous qui prétendez que le ministère doit
changer avec un ministre ! C'est à moi qu'il

appartient de m'expliquer librement sur les ministres ; 1°. parce que je ne crains pas d'être soupçonné de spéculer sur leur chanment , ni pour moi , ni pour mes amis ; 2°. parce que je ne désire pas de les voir remplacer par d'autres , convaincu que ceux qui aspirent à leurs places ne vaudroient pas mieux. Ce ne sont point les ministres que j'attaque ; ce sont leurs principes et leurs actes. Qu'ils se convertissent , s'ils le peuvent , et je combattrai leurs détracteurs. J'ai le droit, par conséquent , d'examiner les bases sur lesquelles repose la garantie que vous leur prêtez. Vous blâmez le ministre Montmorin qui a cédé sa place , pour attirer la confiance sur le ministre Lessart qui s'est chargé de son rôle ! A Dieu ne plaise que je perde des momens précieux à instituer un parallèle entre ces deux illustres défenseurs des droits du peuple! Vous avez expédié deux certificats de patriotisme à deux autres ministres , par la raison qu'ils avoient été tirés de la classe des plébéïens ; et moi, je le dis franchement , la présomption la plus raisonnable , à mon avis , est que, dans les circonstances où nous sommes , des *plébéïens* n'auroient point été appelés au ministère , s'ils n'avoient été jugés dignes d'être nol les. Je m'étonne que la confiance d'un représentant du peuple porte sur un ministre que le peuple de la capitale a craint de voir arriver à une place municipale ; je m'étonne de vous voir recommander à la bienveillance publique le ministre de la jus · tice, qui a paralysé la cour provisoire d'Orléans, en se dispensant de lui envoyer les principales procédures ; le ministre qui a calomnié grossiérement, à la face de l'assemblée nationale, les sociétés patriotiques de l'état, pour provoquer leur destruction ; le ministre qui, récemment encore, vient de demander à l'assemblée actuelle la suspension de l'établissement des nouveaux tribunaux criminels, sous le prétexte que la nation n'étoit pas mûre pour les jurés, sous le prétexte (qui le croiroit !) que l'hiver est une saison trop rude pour réaliser cette institution , déclarée partie essentielle de notre constitution par l'acte constitutionnel, réclamée par les principes éternels de la justice , et par la tyrannie insupportable du système barbare qui pèse encore sur le patriotisme et sur l'humanité ; ce ministre, oppresseur du peuple avignonais , entouré de tous les intrigans que vous avez vous-même dénoncés dans vos écrits , et ennemi déclaré de tous les patriotes invariablement attachés à la cause publique. Vous avez encore pris sous votre sauve-garde le ministre actuel de la guerre. Ah ! de grace, épargnez-nous la peine de discuter la conduite , les relations et le personnel de tant d'individus , lorsqu'il ne doit être question que des principes et de la patrie. Ce n'est pas assez d'entreprendre l'apologie des ministres , vous voulez encore les isoler des vues et de la société de ceux qui sont notoirement leurs conseils et leurs coopérateurs.

Personne ne doute aujourd'hui qu'il existe une ligue puissante et dangereuse contre l'égalité et contre les principes de notre liberté : on sait que la coalition qui porta des mains sacriléges sur les bases de la constitution , s'occupe avec activité des moyens d'achever son ouvrage ; qu'elle domine à la cour , qu'elle gouverne les ministres : vous êtes convenu qu'elle avoit le projet d'étendre encore la puissance ministérielle , et d'aristocratiser la représentation nationale : vous nous avez priés de croire que les ministres et la cour n'avoient rien de commun avec elle ; vous avez démenti, à cet égard , les assertions positives de plusieurs orateurs et l'opinion générale ; vous vous êtes contenté d'alléguer que des intrigans ne pouvoient porter aucune atteinte à la liberté. Ignorez-vous que ce sont les intrigans qui font le malheur des peuples ? Ignorez-vous que des intrigans, secondés par la force et par les trésors du gouvernement, ne sont pas à négliger ? que vous-même vous vous êtes fait une loi jadis de poursuivre avec chaleur une partie de ceux dont il est ici question ? Ignorez-vous que depuis le départ du roi, dont le mystère commence à s'éclaircir, ils ont eu le pouvoir de faire rétrograder la révolution, et de commettre impunément les plus coupables attentats contre la liberté ? D'où vous vient donc tout à-coup tant d'indulgence ou de sécurité ?

Ne vous alarmez pas, nous a dit le même orateur, si cette faction veut la guerre; ne vous alarmez pas si, comme elle, la cour et les ministres veulent la guerre; si les papiers, *que le ministère soudoie*, prêchent la guerre : les ministres, à la vérité, se joindront toujours aux modérés contre les patriotes ; mais ils se joindront aux patriotes et aux modérés contre les émigrans. Quelle rassurante et lumineuse théorie ! Les ministres, vous en convenez, sont les ennemis des patriotes ; les modérés, pour lesquels ils se déclarent, veulent rendre notre constitution aristocratique ; et vous voulez que nous adoptions leurs projets? «Les ministres soudoient, et c'est vous qui le dites, des papiers dont l'emploi est d'éteindre l'esprit public, d'effacer les principes de la liberté, de vanter les plus dangereux de ses ennemis, de calomnier tous les bons citoyens, et vous voulez que je me fie aux vues et aux principes des ministres ?

Vous croyez que les agens du pouvoir exécutif sont plus disposés à adopter les maximes de l'égalité, et à défendre les droits du peuple dans toute leur pureté, qu'à transiger avec les membres de la dynastie, avec les amis de la cour, aux dépens du peuple et des patriotes, qu'ils appellent hautement des factieux ? Mais les aristocrates de toutes les nuances demandent la guerre ; mais tous les échos de l'aristocratie répètent aussi le cri de guerre : il ne faut pas non plus se défier, sans doute, de leurs intentions. Pour moi, j'admire votre bonheur et ne l'envie pas. Vous étiez destiné à défendre la liberté sans défiance, sans déplaire à ses ennemis, sans vous trouver en opposition ni avec la cour, ni avec les ministres, ni avec les modérés. Comme les routes du patriotisme sont devenues pour vous faciles et riantes !

Pour moi, j'ai trouvé que plus on avançoit dans cette carrière, plus on rencontroit d'obstacles et d'ennemis, plus on se trouvoit abandonné de ceux avec qui on y étoit entré ; et j'avoue que si je m'y voyois environné des courtisans, des aristocrates, des *modérés*, je serois au moins tenté de me croire en assez mauvaise compagnie.

Ou je me trompe, ou la foiblesse des motifs par lesquels vous avez voulu nous rassurer sur les intentions de ceux qui nous poussent à la guerre, est la preuve la plus frappante qui puisse les démontrer. Loin d'aborder le véritable état de la question, vous l'avez toujours fui. Tout ce que vous avez dit est donc hors de la question. Votre opinion n'est fondée que sur des hypothèses vagues et étrangères.

Que nous importent, par exemple, vos longues et pompeuses dissertations sur la guerre américaine ? qu'y a-t-il de commun entre la guerre ouverte qu'un peuple fait à ses tyrans, et un système d'intrigue conduit par le gouvernement même contre la liberté naissante ? Si les Américains avoient triomphé de la tyrannie anglaise en combattant sous les drapeaux de l'Angleterre et sous les or-

dres de ses généraux contre ses propres al-
liés, l'exemple des Américains seroit bon à
citer : on pourroit même y joindre celui des
Hollandais et des Suisses , s'ils s'étoient re-
posés sur le duc d'Albe et sur les princes
d'Autriche et de Bourgogne du soin de
venger leurs outrages et d'assurer leur liberté. Que nous importent encore les victoires
rapides que vous remportez à la tribune sur
le despotisme et sur l'aristocratie de l'univers ? Comme si la nature des choses se plioit
si facilement à l'imagination d'un orateur !
Est-ce le peuple ou le génie de la liberté qui
dirigera le plan qu'on nous propose ? C'est la
cour , ce sont ses officiers , ce sont ses ministres. Vous oubliez toujours que cette donnée change toutes les combinaisons.

Croyez-vous que le dessein de la cour soit
d'ébranler le trône de Léopold et ceux de
tous les rois, qui, dans leurs réponses à ses
messages , lui témoignent un attachement
exclusif, elle qui ne cesse de vous prêcher
le respect pour les gouvernemens étrangers ,
elle qui a troublé par ses menées la révolution de Brabant, elle qui vient de désigner à
la nation , comme le sauveur de la patrie,
comme le héros de la liberté, le général qui,
dans l'assemblée constituante, s'étoit déclaré.

hautement contre la cause des Brabançons ?
Cette réflexion me fait naître une autre idée ;
elle me rappelle un fait qui prouve peut-
être à quels piéges les représentans du peuple
sont exposés. Peut-être est-il étonnant que
dans le temps où on parloit de guerre contre
des princes allemands, pour dissiper des émigrans français, on se soit hâté de rassurer,
par un décret, le chef du corps germanique,
contre la crainte de voir se rassembler sur
nos frontières les Brabançons, qui viennent
chercher un asile parmi nous. Ce qu'il y a
de certain, c'est que les plus zélés patriotes
de la contrée française où ils se sont retirés,
ne paroissent pas en avoir une idée aussi dé-
favorable que celle qu'on en a voulu répandre, et qu'ils ne sont pas sur cette affaire du
même avis que le directoire du département
du nord. Pour moi, je crains, je l'avoue, que
le patriotisme des représentans n'ait été trompé sur les faits. Je le dis sans crainte que
l'on me soupçonne de vouloir décréditer leur
sagesse ; je me serois même épargné cette dernière réflexion, inutile pour mon propre
compte, si je ne désirois, depuis quelque
temps, de trouver l'occasion de dissiper les
préventions que des mal-entendus ont pu
faire naître, et qui pourroient relâcher les

liens qui doivent unir tous les amis de la liberté. On dit que l'on cherche à se prévaloir de certaines observations dictées sans doute par l'amour du bien public , et qui , d'ailleurs , sont personnelles à leur auteur , pour éloigner de cette société des députés patriotes , et mettre l'amour-propre des représentans du peuple en opposition avec leur civisme. Je crois le succès de cette entreprise impossible ; je crois, de plus , que nul membre de cette société n'a eu l'intention d'abaisser les législateurs actuels par un parallèle injuste entre la première et la seconde assemblée. Pour moi , je déclare hautement que loin d'attacher mon intérêt personnel à celui de l'assemblée constituante , je la regarde comme une puissance qui n'est plus , et pour laquelle le jugement sévère de la postérité doit déjà commencer. Je déclare que personne n'a plus de respect que moi pour le caractère des représentans du peuple en général ; que personne n'a plus d'estime et d'attachement pour les députés patriotes qui sont membres de cette société. Je suis même convaincu que c'est aux fautes de la première assemblée qu'il faut imputer la plupart de celles que la législature actuelle pourroit commettre. Le fait même que je viens de citer en

est

est peut-être un exemple. Je croirai aussi remplir un devoir de fraternité, autant que de
civisme, en expliquant librement mon opinion sur toutes les questions qui intéressent
la patrie et ses représentans ; je pense même
qu'ils ne doivent pas rejeter l'hommage des
réflexions que me dicte le pur zèle du bien
public , et dans lesquelles l'expérience de
trois années de révolution me donne peut-
être le droit de mettre quelque confiance.

Il résulte de ce que j'ai dit plus haut, qu'il
pourroit arriver que l'intention de ceux qui
demandent et qui conduiroient la guerre ne
fût pas de la rendre fatale aux ennemis de
notre révolution, et aux amis du pouvoir ab-
solu des rois : n'importe, vous vous chargez
vous-même de la conquête de l'Allemagne,
d'abord ; vous promenez notre armée triom-
phante chez tous les peuples voisins ; vous
établissez par-tout des municipalités, des di-
rectoires, des assemblées nationales , et vous
vous écriez vous-même que cette pensée est
sublime, comme si le destin des empires se
régloit par des figures de rhétorique. Nos généraux, conduits par vous , ne sont plus que
les missionnaires de la constitution ; notre
camp qu'une école de droit public ; les satellites des monarques étrangers, loin de mettre

aucun obstacle à l'exécution de ce projet, volent au-devant de nous, non pour nous repousser, mais pour nous écouter.

Il est fâcheux que la vérité et le bons-sens démentent ces magnifiques prédictions; il est dans la nature des choses que la marche de la raison soit lentement progressive. Le gouvernement le plus vicieux trouve un puissant appui dans les préjugés; dans les habitudes, dans l'éducation des peuples. Le despotisme même déprave l'esprit des hommes jusqu'à s'en faire adorer, et jusqu'à rendre la liberté suspecte et effrayante au premier abord. La plus extravagante idée qui puisse naître dans la tête d'un politique, est de croire qu'il suffise à un peuple d'entrer à main armée chez un peuple étranger, pour lui faire adopter ses loix et sa constitution. Personne n'aime les missionnaires armés; et le premier conseil que donnent la nature et la prudence, c'est de les repousser comme des ennemis. J'ai dit qu'une telle invasion pourroit réveiller l'idée de l'embrâsement du Palatinat et des dernières guerres, plus facilement qu'elle ne feroit germer des idées constitutionnelles, parce que la masse du peuple, dans ces contrées, connoît mieux ces faits que notre constitution. Les récits des hommes éclairés qui les connoissent, démentent tout ce qu'on nous raconte de l'ardeur avec laquelle elles soupirent après notre constitution et nos armées. Avant que les effets de notre révolution se fassent sentir chez les nations étrangères, il faut qu'elle soit consolidée. Vouloir leur donner la liberté avant de l'avoir nous-mêmes conquise, c'est assurer à la fois notre servitude et celle du monde entier ; c'est se former des choses une idée exagérée et absurde, de penser que, dès le moment où un peuple se donne une constitution, tous les autres répondent au même instant à ce signal. L'exemple de l'Amérique, que vous avez cité, auroit-il suffi pour briser nos fers, si le temps et le concours des plus heureuses circonstances n'avoient amené insensiblement cette révolution ? La déclaration des droits n'est point la lumière du soleil qui éclaire au même instant tous les hommes ; ce n'est point la foudre qui frappe en même-temps tous les trônes. Il est plus facile de l'écrire sur le papier ou de la graver sur l'airain, que de rétablir dans le cœur des hommes ses sacrés caractères effacés par l'ignorance, par les passions et par le despotisme. Que dis-je ? n'est-elle pas tous les jours méconnue, foulée aux pieds, ignorée même parmi vous qui l'avez promulguée ?

L'égalité des droits est-elle ailleurs que dans les principes de notre charte constitutionnelle ? Le despotisme, l'aristocratie ressuscitée sous dès formes nouvelles, ne relève-t-elle pas sa tête hideuse ? n'opprime-t-elle pas encore la foiblesse, la vertu, l'innocence, au nom des loix et de la liberté même ? La constitution, que l'on dit fille de la déclaration des droits, ressemble-t-elle si fort à sa mère ? Que dis-je ? cette vierge, jadis rayonnante d'une beauté céleste, est-elle encore semblable à elle-même ? n'est-elle pas sortie meurtrie et souillée des mains impures de cette coalition qui trouble et tyrannise aujourd'hui la France, et à qui il ne manque, pour consommer ses funestes projets, que l'adoption des mesures perfides que je combats en ce moment ? Comment donc pouvez-vous croire qu'elle opérera, dans le moment même que nos ennemis intérieurs auront marqué pour la guerre, les prodiges qu'elle n'a pu encore opérer parmi nous ?

Je suis loin de prétendre que notre révolution n'influera pas dans la suite sur le sort du globe, plus tôt même que les apparences actuelles ne semblent l'annoncer. A Dieu ne plaise que je renonce à une si douce espérance ! mais je dis que ce ne sera pas aujourd'hui ; je dis que cela n'est pas du moins prouvé, et que, dans le doute, il ne faut pas hasarder notre liberté ; je dis que, dans tous les temps, pour exécuter une telle entreprise avec succès, il faudroit le vouloir, et que le gouvernement qui en seroit chargé, que ses principaux agens ne le veulent pas, et qu'ils l'ont hautement déclaré.

Enfin, voulez-vous un contre-poison sûr à toutes les illusions que l'on vous présente ? Réfléchissez seulement sur la marche naturelle des révolutions. Dans des états constitués, comme presque tous les pays de l'Europe, il y a trois puissances ; le monarque, les aristocrates et le peuple, ou plutôt le peuple est nul. S'il arrive une révolution dans ces pays, elle ne peut être que graduelle ; elle commence par les nobles, par le clergé, par les riches, et le peuple les soutient lorsque son intérêt s'accorde avec le leur pour résister à la puissance dominante, qui est celle du monarque. C'est ainsi que parmi vous ce sont les parlemens, les nobles, le clergé, les riches, qui ont donné le branle à la révolution ; ensuite le peuple a paru. Ils s'en sont repentis, ou du moins ils ont voulu arrêter la révolution, lorsqu'ils ont vu que le peuple pouvoit recouvrer sa souveraineté ; mais ce sont eux

qui l'ont commencée; et sans leur résistance
et leurs faux calculs, la nation seroit encore
sous le joug du despotisme. D'après cette
vérité historique et morale, vous pouvez juger à quel point vous devez compter sur les
nations de l'Europe en général ; car, chez elles,
loin de donner le signal de l'insurrection, les
aristocrates, avertis par notre exemple même,
tout aussi ennemis du peuple et de l'égalité
que les nôtres, se sont ligués comme eux
avec le gouvernement, pour retenir le peuple
dans l'ignorance et dans les fers, et pour
échapper à la déclaration des droits. Ne nous
objectez pas les mouvemens qui s'annoncent
dans quelques parties des états de Léopold,
et particuliérement dans le Brabant ; car ces
mouvemens sont absolument indépendans de
notre révolution et de nos principes actuels.
La révolution du Brabant avoit commencé
avant la nôtre ; elle fut arrêtée par les intrigues de la cour de Vienne, secondées par les
agens de celle de France ; elle est près de reprendre son cours aujourd'hui, mais par l'influence, par le pouvoir, par les richesses des
aristocrates, et sur-tout du clergé qui l'avoit
commencée il y a un siècle entre les Pays-
Bas autrichiens et nous, comme il y a un
siècle entre le peuple des frontières de vos

provinces du nord et celui de la capitale. Votre organisation civile du clergé et l'ensemble de votre constitution proprosés brusquement aux Brabançons, suffiroient pour raffermir la puissance de Léopold ; ce peuple est condamné par l'empire de la superstition et de l'habitude à passer par l'aristocratie pour arriver à la liberté.

Comment peut-on , sur des calculs aussi incertains que ceux-là , compromettre les destinées de la France et de tous les peuples ?

Je ne connois rien d'aussi léger que l'opinion de M. Brissot à cet égard , si ce n'est l'effervescence philantropique *de M. Anacharsis Cloots.* Je réfuterai en passant , et par un seul mot , le discours étincelant de M. Anacharsis Cloots ; je me contenterai de lui citer un trait de ce sage de la Grèce , de ce philosophe voyageur dont il a' emprunté le nom. C'est, je crois, cet Anacharsis grec qui se moquoit d'un astronome qui, en considérant le ciel avec trop d'attention , étoit tombé dans une fosse qu'il n'avoit point apperçue sur la terre. Eh bien ! l'Anacharsis moderne , en voyant dans le soleil *des taches pareilles à celles de notre constitution* (1),

____

(1) Discours prononcé par M. Cloots à la société des amis de la constitution.

(24)

en voyant descendre du ciel l'ange de la liberté pour se mettre à la tête de nos lé-
gions, et exterminer, par leurs bras, tous
les tyrans de l'univers, n'a pas vu sous ses
pieds un précipice où l'on veut entraîner le
peuple français. Puisque *l'orateur du genre
humain* pense que la destinée de l'univers
est liée à celle de la France, qu'il défende
avec plus de reflexion les intérêts de ses cliens,
ou qu'il craigne que le genre humain ne lui
retire sa procuration.

Laissez donc, laissez toutes ces trompeuses
déclamations, ne nous présentez pas l'image
touchante du bonheur, pour nous entraîner
dans des maux réels ; donnez-nous moins de
descriptions agréables, et de plus sages conseils.

Vous pouvez même vous dispenser d'entrer
dans de si longs détails sur les ressources,
sur les intérêts, sur les passions des princes
et des gouvernemens actuels de l'Europe.
Vous m'avez reproché de ne les avoir pas
assez longuement discutés. Non. Je n'en ferai
rien encore, 1°. parce que ce n'est point sur
de pareilles conjectures, toujours incertaines
de leur nature, que je veux asseoir le salut
de ma patrie ; 2°. parce que celui qui va jusqu'à dire que toutes les puissances de l'Eu-

rope ne pourroient pas, de concert avec nos ennemis intérieurs, entretenir une armée pour favoriser le système d'intrigue dont j'ai parlé; avance une proposition qui ne mérite pas d'être réfutée; 3°. enfin, parce que ce n'est point là le nœud de la question. Car je soutiens et je prouverai que, soit que la cour et la coalition qui la dirige fassent une guerre sérieuse, soit qu'elles s'en tiennent aux préparatifs et aux menaces, elles auront toujours avancé le succès de leurs véritables projets....

Epargnez-vous donc au moins toutes les contradictions que votre système présente à chaque instant: ne nous dites pas tantôt qu'il ne s'agit que d'aller donner la chasse à 20 ou 30 lieues *aux chevaliers de Coblentz*, et de revenir triomphans; tantôt qu'il ne s'agit de rien moins que de briser les fers des nations. Ne nous dites pas tantôt que tous les princes de l'Europe demeureront spectateurs indiffé‑rens de nos démêlés avec les émigrés, et de nos incursions sur le territoire germanique; tantôt que nous renverserons le gouverne‑ment de tous ces princes.

Mais j'adopte votre hypothèse favorite, et j'en tire un raisonnement auquel je défie tous les partisans de votre système de répondre

d'une manière satisfaisante. Je leur propose
ce dilemme : ou bien nous pouvons craindre
l'intervention des puissances étrangères, et
alors tous vos calculs sont en défaut, ou bien
les puissances étrangères ne se mêleront en
aucune manière de votre expédition ; dans
ce dernier cas, la France n'a donc d'autre
ennemi à craindre que cette poignée d'aristocrates émigrés auxquels elle faisoit à peine
attention il y a quelque temps : or, prétendez-
vous que cette puissance doive nous alarmer?
et si elle étoit redoutable, ne seroit-ce pas
évidemment par l'appui que lui prêteroient
nos ennemis intérieurs pour lesquels vous
n'avez nulle défiance ? Tout vous prouve
donc que cette guerre ridicule est une intrigue de la cour et des factions qui nous
déchirent ; leur déclarer la guerre sur la foi
de la cour, violer le territoire étranger, qu'est-
ce autre chose que seconder leurs vues ? Traiter comme une puissance rivale des criminels qu'il suffit de flétrir, de juger, de punir
par contumace ; nommer pour les combattre,
des maréchaux de France extraordinaires
contre les loix, affecter d'étaler aux yeux de
l'univers la Fayette tout entier, qu'est-ce autre
chose que leur donner une illustration, une
importance qu'ils désirent, et qui convient

aux ennemis du dedans qui les favorisent?
La cour et les factieux ont sans doute des
raisons d'adopter ce plan : quelles peuvent
être les nôtres ? *l'honneur du nom Français*,
dites-vous. Juste ciel ! la nation française
déshonorée par cette tourbe de fugitifs aussi
ridicules qu'impuissans, qu'elle peut dépouil-
ler de leurs biens, et marquer, aux yeux de
l'univers, du sceau du crime et de la trahison ! Ah ! la honte consiste à être trompé
par les artifices grossiers des ennemis de
notre liberté. La magnanimité, la sagesse,
la liberté, le bonheur, la vertu, voilà notre
honneur. Celui que vous voulez rescusciter
est l'ami, le soutien du despotisme ; c'est
l'honneur des héros de l'aristocratie, de tous
les tyrans, c'est l'honneur du crime, c'est
un être bizarre que je croirois né de je ne
sais quelle union monstrueuse du vice et de
la vertu, mais qui s'est rangé du parti du
premier pour égorger sa mère ; il est proscrit
de la terre de la liberté ; laissez cet honneur,
ou releguez-le au-delà du Rhin ; qu'il aille
chercher un asile dans le cœur ou dans la
tête des princes et des chevaliers de Coblentz.

Est-ce donc avec cette légéreté qu'il faut
traiter des plus grands intérêts de l'état?

Avant de vous égarer dans la politique et

dans les états des princes de l'Europe, commencez par ramener vos regards sur votre position intérieure ; remettez l'ordre chez vous avant de porter la liberté ailleurs. Mais vous prétendez que ce soin ne doit pas même vous occuper, comme si les règles ordinaires du bon sens n'étoient pas faites pour les grands politiques. Remettre l'ordre dans les finances, en arrêter la déprédation, armer le peuple et les gardes nationales, faire tout ce que le gouvernement a voulu empêcher jusqu'ici, pour ne redouter ni les attaques de nos ennemis, ni les intrigues ministérielles, ranimer par des loix bienfaisantes, par un caractère soutenu d'énergie, de dignité, de sagesse, l'esprit public et l'horreur de la tyrannie, qui seule peut nous rendre invincibles contre tous nos ennemis, tout cela ne sont que des idées ridicules ; la guerre, la guerre, dès que la cour la demande ; ce parti dispense de tout autre soin, on est quitte envers le peuple dès qu'on lui donne la guerre ; la guerre contre les justiciables de la cour nationale, ou contre des princes allemands, confiance, idolâtrie pour les ennemis du dedans. Mais que dis-je ? en avons-nous des ennemis du dedans ? non, vous n'en connoissez pas, vous ne connoissez que Coblentz. N'avez-vous pas dit que le

siége du mal est à Coblentz ? il n'est donc
pas à Paris? il n'y a donc aucune relation
entre Coblentz et un autre lieu qui n'est pas
loin de nous? Quoi ! vous osez dire que ce qui
a fait rétrogader la révolution , c'est la peur
qu'inspirent à la nation les aristocrates fugitifs
qu'elle a toujours méprisés ; et vous attendez
de cette nation des prodiges de tous les gen-
res ! Apprenez donc qu'au jugement de tous
les Français éclairés , le véritable Coblentz est
en France , que celui de l'évêque de Trèves
n'est que l'un des ressorts d'une conspiration
profonde tramée contre la liberté , dont le
foyer, dont le centre, dont les chefs sont au
milieu de nous. Si vous ignorez tout cela ,
vous étez étranger à tout ce qui se passe dans
ce pays-ci. Si vous le savez, pourquoi le niez-
vous? pourquoi détourner l'attention publique
de nos ennemis les plus redoutables , pour
la fixer sur d'autres objets , pour nous conduire dans le piége où ils nous attendent ?

D'autres personnes sentant vivement la
profondeur de nos maux , et connoissant leur
véritable cause, se trompent évidemment sur
le remède. Dans une espéce de désespoir, ils
veulent se précipiter vers la guerre étrangère,
comme s'ils espéroient que le mouvement
seul de la guerre nous rendra la vie , ou que

de la confusion générale sortiront enfin l'ordre
et la liberté. Ils commettent la plus funeste
des erreurs, parce qu'ils ne discernent pas
les circonstances, et confondent des idees absolument distinctes. Il est dans les révolutions
des mouvemens contraires et des mouvemens
favorables à la liberté, comme il est dans les
maladies des crises salutaires et des crises mor-
telles.

Les mouvemens favorables sont ceux qui
sont dirigés directement contre les tyrans,
comme l'insurrection des Américains, ou
comme celle du 14 juillet ; mais la guerre
au-dehors, provoquée, dirigée par le gouvernement dans les circonstances où nous sommes, est un mouvement à contre-sens, c'est
une crise qui peut conduire à la mort du
corps politique. Une telle guerre ne peut que
donner le change à l'opinion publique, faire
diversion aux justes inquiétudes de la nation,
et prévenir la crise favorable que les attentats
des ennemis de la liberté auroient pu amener. C'est sous ce rapport que j'ai d'abord
développé les inconvéniens de la guerre. Pen-
dant la guerre étrangère le peuple, comme
je l'ai déjà dit, distrait, par les événemens
militaires, des délibérations politiques qui
intéressent les bases essentielles de sa liberté,

prête une attention moins sérieuse aux sour-
des manœuvres des intrigans qui les minent,
du pouvoir exécutif qui les ébranle, à la foiblesse ou à la corruption des représentans
qui ne les défendent pas. Cette politique fut
connue de tout temps, et quoi qu'en ait dit
M. Brissot, il est applicable et frappant
l'exemple des aristocrates de Rome que j'ai
cité ; quand le peuple réclamoit ses droits
contre les usurpations du sénat et des patriciens, le sénat déclaroit la guerre, et le
peuple , oubliant ses droits et ses outrages, ne s'occupoit que de la guerre , lais-
soit au sénat son empire , et préparoit de
nouveaux triomphes aux patriciens. La guerre
est bonne pour les officiers militaires , pour
les ambitieux , pour les agioteurs qui spé-
culent sur ces sortes d'événémens ; elle
est bonne pour les ministres, dont elle couvre
les opérations d'un voile plus épais et presque
sacré ; elle est bonne pour la cour, elle est
bonne pour le pouvoir exécutif dont elle aug-
mente l'autorité, la popularité, l'ascendant ;
elle est bonne pour la coalition des nobles ,
des intrigans , des modérés, qui gouvernent
la France. Cette faction peut placer ses héros
et ses membres à la tête de l'armée ; la cour
peut confier les forces de l'état aux hommes

qui peuvent la servir dans l'occasion avec
d'autant plus de succès, qu'on leur aura tra-
vaillé une espèce de réputation de patriotisme ; ils gagneront les cœurs et la confiance
des soldats pour les attacher plus fortement à
la cause du royalisme et du modérantisme ; voilà la seule espèce de séduction que je craigne
pour les soldats : ce n'est pas sur une déser-
tion ouverte et volontaire de la cause publique
qu'il faut me rassurer. Tel homme qui auroit
horreur de trahir la patrie, peut être conduit
par des chefs adroits à porter le fer dans le
sein des meilleurs citoyens ; le mot perfide
de républicain et de factieux, inventé par la
secte des ennemis hypocrites de la constitution, peut armer l'ignorance trompée contre la
cause du peuple. Or, la destruction du parti
patriotique est le grand objet de tous leurs
complots ; dès qu'une fois ils l'ont anéanti,
que reste-t-il, si ce n'est la servitude ? Ce n'est
pas une contre révolution que je crains ; ce
sont les progrès des faux principes, de l'idolâtrie, et la perte de l'esprit public. Or, croyez-
vous que ce soit un médiocre avantage pour
la cour et pour le parti dont je parle, de
cantonner les soldats, de les camper, de les
diviser en corps d'armée, de les isoler des
citoyens, pour substituer insensiblement,

sous

sous les noms imposans de discipline militaire et d'honneur, l'esprit d'obeissance aveugle et absolue, l'ancien esprit militaire enfin
à l'amour de la liberté, aux sentimens po-
pulaires qui étoient entretenus par leur com-
munication avec le peuple? Quoique l'esprit de
l'armée soit encore bon en général, devez-vous
vous dissimuler que l'intrigue et la suggestion
ont obtenu des succès dans plusieurs corps,
et qu'il n'est plus entiérement ce qu'il étoit
dans les premiers jours de la révolution ? Ne
craignez-vous pas le systéme constamment
suivi depuis si long-temps, de ramener l'armée au pur amour des rois, et de la purger
de l'esprit patriotique, qu'on a toujours paru
regarder comme une peste qui la désoloit?
Voyez-vous sans quelque inquiétude le voyage
du ministre et la nomination de tel général
fameux par les désastres des régimens les plus
patriotes? Comptez-vous pour rien le droit
de vie et de mort arbitraire dont la loi va in-
vestir nos patriciens militaires, dès le moment
où la nation sera constituée en guerre ? Comptez-vous pour rien l'autorité de la police
qu'elle remet aux chefs militaires dans toutes
nos villes frontières ? A-t-on répondu à tous
ces faits par la dissertation sur la dictature des
Romains, et par le parallèle de César avec

nos généraux ? On a dit que la guerre en imposeroit aux aristocrates du dedans , et tariroit la source de leurs manœuvres ; point du tout, ils devinent trop bien les intentions de leurs amis secrets pour en redouter l'issue ; ils n'en seront que plus actifs à poursuivre la guerre sourde qu'ils peuvent nous faire impunément, en semant la division , le fanatisme, et en dépravant l'opinion. C'est surtout alors que le parti modéré , revêtu des livrées du patriotisme , dont les chefs sont les artisans de cette trame, déploiera toute sa sinistre influence ; c'est alors qu'au nom du salut public ils imposeront silence à quiconque oseroit élever quelques soupçons sur la conduite ou sur les intentions des agens du pouvoir exécutif, sur lequel il reposera, des généraux qui seront devenus, comme lui, l'espoir et l'idole de la nation ; si l'un de ces généraux est destiné à remporter quelque succès apparent, qui, je crois, ne sera pas fort meurtrier pour les émigrans, ni fatal à leurs protecteurs, quel ascendant ne donnera-t-il pas à son parti ? quels services ne pourra-t-il pas rendre à la cour ? c'est alors qu'on fera une guerre plus sérieuse aux véritables amis de la liberté, et que le système perfide de l'égoïsme et de l'intrigue triomphera. L'esprit public une fois corrompu , alors jusqu'où le pouvoir exécutif et les factieux qui le serviront ne pourront-ils pas pousser leurs usurpations ? Il n'aura pas besoin de compromettre le succès de ses projets par une précipitation imprudente ; il ne se pressera pas peut-être de proposer le plan de transaction dont on a déjà parlé : soit qu'il s'en tienne à celui-là , soit qu'il en adopte un autre , que ne peut-il pas attendre du temps , de la langueur, de l'ignorance, des divisions intestines, des manœuvres de la nombreuse cohorte de ses affidés dans le corps législatif, de tous les ressorts enfin qu'il prépare depuis si longtemps ?

Nos généraux, dites-vous, ne nous trahiront pas ; et si nous étions trahis, tant mieux ! Je ne vous dirai pas que je trouve singulier ce goût pour la trahison ; car je suis en cela parfaitement de votre avis. Oui, nos ennemis sont trop habiles pour nous trahir ouvertement, comme vous l'entendez ; l'espèce de trahison que nous avons à redouter, je viens de vous la développer, celle-là n'avertit point la vigilance publique ; elle prolonge le sommeil du peuple jusqu'au moment où on l'enchaîne; celle-là ne laisse aucune ressource ; celle là , ... tous ceux qui

endorment le peuple en favorisent le succès; et remarquez bien que pour y parvenir,
il n'est pas même nécessaire de faire sérieu-
sement la guerre ; il suffit de nous constituer sur le pied de guerre ; il suffit de nous
entretenir de l'idée d'une guerre étrangère :
n'en recueillît-on d'autre avantage que les
millions qu'on se fait compter d'avance, on
n'auroit pas tout-à-fait perdu sa peine. Ces 20
millions, sur-tout dans le moment où nous
sommes, ont au moins autant de valeur que
les adresses patriotiques où l'on prêche au
peuple la confiance et la guerre.

Je décourage la nation, dites vous; non,
je l'éclaire; éclairer des hommes libres, c'est
réveiller leur courage , c'est empêcher que
leur courage même ne devienne l'écueil de
leur liberté ; et n'eussé-je fait autre chose
que de dévoiler tant de piéges, que de réfu-
ter tant de fausses idées et de mauvais principes , que d'arrêter les élans d'un enthousiasme dangereux, j'aurois avancé l'esprit public et servi la patrie.

Vous avez dit encore que j'avois outragé les
Français en doutant de leur courage et de leur
amour pour la liberté. Non, ce n'est point le
courage des Français dont je me défie, c'est
la perfidie de leurs ennemis que je crains ;

que la tyrannie les attaque ouvertement, ils seront invincibles ; mais le courage est inutile contre l'intrigue.

Vous avez été étonné, avez-vous dit, d'entendre un défenseur du peuple calomnier et avilir le peuple. Certes, je ne m'attendois pas à un pareil reproche. D'abord, apprenez que je ne suis point le défenseur du peuple ; jamais je n'ai prétendu à ce titre fastueux ; je suis du peuple, je n'ai jamais été que cela, je ne veux être que cela ; je méprise quiconque a la prétention d'être quelque chose de plus. S'il faut dire plus, j'avouerai que je n'ai jamais compris pourquoi on donnoit des noms pompeux à · la fidélité constante de ceux qui n'ont point trahi sa cause ; seroit-ce un moyen de ménager une excuse à ceux qui l'abandonnent, en présentant la conduite contraire comme un effort d'héroïsme et de vertu ? Non, ce n'est rien de tout cela ; ce n'est que le résultat naturel du caractère de tout homme qui n'est point dégradé. L'amour de la justice, de l'humanité, de la liberté est une passion comme une autre ; quand elle est dominante, on lui sacrifie tout ; quand on a ouvert son ame à des passions d'une autre espèce, comme à la soif de l'or ou des honneurs, on leur immole tout, et la gloire , et la justice , et l'humanité , et le peuple et la patrie. Voilà tout le secret du cœur humain ; voilà toute la différence qui existe entre le crime et la probité, entre les tyrans et les bienfaiteurs de leur pays.

Que dois-je donc répondre au reproche d'avoir avili et calomnié le peuple ? Non, on n'avilit point ce qu'on aime, on ne se calomnie pas soi-même.

J'ai avili le peuple ! Il est vrai que je ne sais point le flatter pour le perdre ; que j'ignore l'art de le conduire au précipice par des routes semées de fleurs : mais en revanche c'est moi qui sus déplaire à tous ceux qui ne sont pas peuple, en défendant, presque seul, les droits des citoyens les plus pauvres et les plus malheureux contre la majorité des législateurs ; c'est moi qui opposai constamment la déclaration des droits à toutes ces distinctions calculées sur la quotité des impositions, qui laissoient une distance entre des citoyens et des citoyens; c'est moi qui défendis non- seulement les droits du peuple, mais son caractère et ses vertus ; qui soutins contre l'orgueil et les préjugés que les vices ennemis de l'humanité et de l'ordre social alloient toujours en décroissant, avec les besoins factices et l'égoïsme, depuis le trône jusqu'à la chaumière ; c'est moi qui consentis à paroître exagéré, opiniâtre, orgueilleux même, pour être juste.

Le vrai moyen de témoigner son respect pour le peuple n'est point de l'endormir en lui vantant sa force et sa liberté, c'est de le défendre, c'est de le prémunir contre ses propres défauts ; car le peuple même en a. *Le peuple est là*, est dans ce sens un mot très dangereux. Personne ne nous a donné une plus juste idée du peuple que Rousseau, parce que personne ne l'a plus aimé. « Le peuple veut toujours le bien, mais il ne le voit pas toujours ». Pour compléter la théorie des principes des gouvernemens, il suffiroit d'ajouter : les mandataires du peuple voient souvent le bien ; mais ils ne le veulent pas toujours. Le peuple veut le bien, parce que le bien public est son intérêt, parce que les bonnes loix sont sa sauve-garde : ses mandataires ne le veulent pas toujours, parce qu'ils se forment un intérêt séparé du sien, et qu'ils veulent tourner l'autorité qu'il leur confie au profit de leur orgueil. Lisez ce que Rousseau a écrit du gouvernement représentatif, et vous jugerez si le peuple peut dormir impunément. Le peuple cependant sent plus vivement, et voit mieux tout ce

qui tient aux prémiers principes de la justice et de l'humanité que la plupart de ceux
qui se séparent de lui ; et son bon sens à
cet égard est souvent supérieur à l'esprit des
habiles gens ; mais il n'a pas la même apti-
tude à déméler les détours de la politique
artificieuse qu'ils employent pour le tromper et pour l'asservir, et sa bonté naturelle
le dispose à être la dupe des charlatans politiques. Ceux-ci le savent bien ; et ils en
profitent.

Lorsqu'il s'éveille et déploie sa force et
sa majesté, ce qui arrive une fois dans des
siècles, tout plie devant lui ; le despotisme
se prosterne contre terre, et contrefait le
mort, comme un animal lâche et féroce à
l'aspect du lion ; mais bientôt il se relève ;
il se rapproche du peuple d'un air caressant ;
il substitue la ruse à la force ; on le croit
converti ; on a entendu sortir de sa bou-
che le mot de liberté : le peuple s'abandonne
à la joie, à l'enthousiasme ; on accumule
entre ses mains des tresors immenses, on
lui livre la fortune publique ; on lui donne
une puissance colossale ; il peut offrir des
appâts irrésistibles à l'ambition et à la cupidité de ses partisans, quand le peuple ne
peut payer ses serviteurs que de son estime.

Bientôt quiconque a des talens avec des vices lui appartient ; il suit constamment un
plan d'intrigue et de séduction ; il s'attache
sur-tout à corrompre l'opinion publique ; il
réveille les anciens préjugés, les anciennes
habitudes qui ne sont point encore effacées ;
il entretient la dépravation des mœurs qui
ne sont point encore régénérées ; il étouffe
le germe des vertus nouvelles ; la horde in-
nombrable de ses esclaves ambitieux répand
par-tout de fausses maximes ; on ne prêche
plus aux citoyens que le repos et la confiance ; le mot de liberté passe presque pour
un cri de sédition ; on persécute, on calomnie ses plus zélés défenseurs ; on cherche à
égarer, à séduire, ou à maîtriser les délégués du peuple ; des hommes usurpent sa
confiance pour vendre ses droits, et jouissent
en paix du fruit de leurs forfaits. Ils auront
des imitateurs qui, en les combattant, n'as-
pireront qu'à les remplacer. Les intrigans et
les partis se pressent comme les flots de la
mer. Le peuple ne reconnoît les traîtres que
lorsqu'ils lui ont déjà fait assez de mal pour
le braver impunément. A chaque atteinte
portée à sa liberté, on l'éblouit par des prétextes spécieux, on le séduit par des actes
de patriotisme illusoires, on trompe son zèle

et on égare son opinion par le jeu de tous les ressorts de l'intrigue et du gouvernement, on le rassure en lui rappelant sa force et sa puissance. Le moment arrive où la division règne par-tout, où tous les piéges des tyrans sont tendus, où la ligue de tous les ennemis de l'égalité est entiérement formée, où les dépositaires de l'autorité publique en sont les chefs, où la portion des citoyens qui a le plus d'influence par ses lumières et par sa fortune est préte à se ranger de leur parti.

Voilà la nation placée entre la servitude et la guerre civile. On avoit montré au peuple l'insurrection comme un remède ; mais ce remède extrême est-il même possible ? Il est impossible que toutes les parties d'un empire, ainsi divisé, se soulèvent à la fois; et toute insurrection partielle est regardée comme un acte de révolte ; la loi la punit, et la loi seroit entre les mains des conspirateurs. Si le peuple est souverain, il ne peut exercer sa souveraineté, il ne peut se réunir tout entier, et la loi déclare qu'aucune section du peuple ne peut pas même délibérer. Que dis-je? alors l'opinion, la pensée ne seroit pas même libre. Les écrivains seroient vendus au gouvernement ; les défenseurs de la liberté qui oseroient encore élever la voix , ne seroient regardés que comme des séditieux ; car la sédition est tout signe d'existence qui déplaît au plus fort ; ils boiroient la ciguë, comme Socrate , ou ils expireroient sous le glaive de la tyrannie, comme Sydney, ou ils se déchireroient les entrailles , comme Caton. Ce tableau effrayant peut-il s'appliquer exactement à notre situation ? Non ; nous ne sommes pas encore arrivés à ce dernier terme de l'opprobre et du malheur où conduisent la crédulité des peuples et la perfidie des tyrans. On veut nous y mener ; nous avons déjà fait peut-être d'assez grands pas vers ce but; mais nous en sommes encore à une assez grande distance; la liberté triomphera, je l'espère, je n'en doute pas même ; mais c'est à condition que nous adopterons tôt ou tard, et le plus tôt possible, les principes et le caractère des hommes libres, que nous fermerons l'oreille à la voix des sirènes qui nous attire vers les écueils du despotisme , que nous ne continuerons pas de courir, comme un troupeau stupide , dans la route par laquelle on cherche à nous conduire à l'esclavage ou à la mort.

J'ai dévoilé une partie des projets de nos ennemis ; car je ne doute pas qu'ils ne recèlent encore des profondeurs que nous ne pouvons sonder ; j'ai indiqué nos véritables dangers et la véritable cause de nos maux : c'est dans la nature de cette cause qu'il faut puiser le remède, c'est elle qui doit déterminer la conduite des représentans du peuple.

Il resteroit bien des choses à dire sur cette matière, qui renferme tout ce qui peut intéresser la cause de la liberté ; mais j'ai déjà occupé trop long-temps les momens de la société : si elle me l'ordonne, je remplirai cette tâche dans une autre séance.

La société a ordonné l'impression de ce discours, et invité M. Robespierre à lui communiquer le reste de ses vues.

Suite du discours de MAXIMILIEN ROBESPIERRE, *sur la guerre, prononcé à la société des amis de la constitution, le 11 janvier 1792, l'an quatrième de la révolution.*

EST-IL vrai qu'une nouvelle jonglerie ministérielle ait donné le change aux amis de la liberté, sur le véritable objet des projets de ses ennemis ? Est-il vrai qu'une proclamation illusoire émanée du comité des Tuileries ait suffi pour renverser en un moment nos principes, et nous faire perdre de vue toutes les vérités dont l'évidence nous avoit frappés ? Est-il vrai que les tyrans de la France aient eu quelque raison de croire que les citoyens, dont ils feignent de redouter l'énergie, ne sont que des êtres foibles et versatiles, qui applaudissent tour-à-tour au mensonge et à la vérité ; qui, changeant du jour au lendemain de sentimens et de systêmes, leur laissent tous les moyens d'exécuter impunément le plan de conspiration qu'ils suivent avec autant de constance que d'activité ? Non ; je vais vous prouver, du moins, que les nouvelles ruses de nos ennemis intérieurs confirment notre systéme : on s'épargneroit à cet égard beaucoup de

D

discussions, si l'on vouloit ne jamais sortir du véritable état de la question.

Toute celle où je vais entrer n'aura d'autre but que d'y ramener encore une fois mes adversaires.

Est-il question de savoir si la guerre doit être offensive ou défensive ; si la guerre offensive a plus ou moins d'inconvéniens ; si la guerre doit être faite dans quinze jours où dans six mois ? Point du tout ; il s'agit, comme nous l'avons prouvé, de connoître la trame ourdie par les ennemis intérieurs de notre liberté qui nous suscitent la guerre, et de choisir les moyens les plus propres à les déjouer. Pourquoi jeter un voile sur cet objet essentiel ? pourquoi n'oser effleurer tant d'ennemis puissans, qu'il faut démasquer et combattre ? pourquoi prêcher la confiance lorsqu'elle est impossible ? Je demande aussi la guerre ; mais je dirai à qui et comment il faut la faire.

Tout le monde paroît convenir qu'il existe en France une faction puissante qui dirige les démarches du pouvoir exécutif, pour relever la puissance ministérielle sur les ruines de la souveraineté nationale : on a nommé les chefs de cette cabale ; on a développé leur projet ; la France entière a connu, par une fatale expérience , leur caractère et leurs principes. J'ai aussi examiné leur systême ; j'ai vu, dans la conduite de la cour, un plan constamment suivi d'anéantir les droits du peuple , et de renverser , autant qu'il étoit en elle , l'ouvrage de la révolution.: elle a proposé la guerre, j'ai rapporté cette mesure à son systême ; je n'ai pas cru qu'elle voulût perdre les émigrés , détrôner leurs protecteurs , les princes étrangers qui faisoient cause commune avec elle, et professoient pour elle un attachement exclusif, au moment où elle étoit en guerre avec le peuple français ; leur langage, leur conduite étoient trop grossièrement concertés avec elle ; les rebelles étoient trop évidemment ses satellites et ses amis ; elle avoit trop constamment favorisé leurs efforts et leur insolence ; elle venoit au moment de leur accorder des preuves éclatantes de protection , en les dérobant au décret porté contre eux par l'assemblée nationale ; elle avoit accordé en même temps la même faveur à des ennemis intérieurs encore plus dangereux ; tout annonçoit aux yeux les moins clairvoyans le projet formé par elle de troubler la France au-dedans en la faisant menacer au-dehors , pour reprendre au sein du désordre et de la terreur une puissance fatale à la liberté naissante.

Les intentions de la cour étant évidemment suspectes, quel parti falloit-il prendre sur la proposition de la guerre ? Applaudir, adorer, prêcher la confiance, et donner des millions ? Non; il falloit l'examiner scrupuleusement, en pénétrer les motifs, en prévoir les conséquences, faire un retour sur soi-même, et prendre les mesures les plus propres à déconcerter les desseins des ennemis de la liberté, en assurant le salut de l'état.

Tel est l'esprit que j'ai porté dans cette discussion : j'ai mieux aimé la traiter sous ce point de vue, que de présenter le tableau brillant des avantages et des merveilles d'une guerre terminée par une révolution universelle; la conduite de cette guerre étoit entre les mains de la cour; la cour ne pouvoit la regarder que comme un moyen de parvenir à son but ; j'ai prouvé que, pour atteindre ce but, elle n'avoit pas même besoin de faire actuellement la guerre , et d'entrer en campagne ; qu'il lui suffisoit de la faire désirer, de la faire regarder comme nécessaire, et de se faire autoriser à en ordonner actuellement tous les préparatifs.

Rassembler une grande force sous ses drapeaux , cantonner et camper les soldats , pour les ramener plus facilement à l'idolatrie pour le chef suprème de l'armée, et à l'obéissance passive , en les séparant du peuple, et en les occupant uniquement d'idées militaires ; donner une grande importance et une grande autorité aux généraux jugés les plus propres à exciter l'enthousiasme des citoyens armés et à servir la cour ; augmenter l'ascendant du pouvoir exécutif, qui se déploie particuliérement lorsqu'il paroît chargé de veiller à la défense de l'état ; détourner le peuple du soin de ses affaires domestiques , pour l'occuper de sa sureté extérieure ; faire triompher la cause du royalisme , du modérantisme, du machiavélisme , dont les chefs sont des patriciens militaires ; préparer ainsi au ministère et à sa faction les moyens d'étendre de jour en jour ses usurpations sur l'autorité nationale et sur la liberté, voilà l'intérêt suprême de la cour et du ministère. Or , cet intérêt étoit satisfait ; leur but étoit rempli dès le moment où l'on adoptoit leurs propositions de guerre.

C'est dans cette situation que l'on vient nous présenter je ne sais quelle proclamation affichée par-tout, où l'on défend toute incursion jusqu'au 15 janvier ; des actes de certains princes allemands, qui assurent qu'ils ont pris les mesures nécessaires pour dissiper les rassemblemens qui pouvoient nous alarmer. Le roi , dit-on, va sans doute vous annoncer que les puissances ont fait cesser tous les prétextes de guerre ; donc la cour ne veut pas la guerre..... Eh quoi ! sommes-nous donc encore assez novices pour être toujours dupes de tous les subterfuges par lesquels une politique perfide cherche à nous tromper ? et quel que soit le motif qui l'ait déterminée à ces actes extérieurs , ne voyez-vous pas qu'ils prouvent la nécessité de se tenir en garde contre les piéges qu'elle vous a tendus ? Quel est l'intérêt de la cour , si ce n'est de vous rassurer sur ses intentions perverses ? et ne suffit-il pas que l'empressement avec lequel elle avoit ouvertement demandé la guerre, et fait prêcher la guerre par tous ses organes, ait excité la défiance des citoyens , pour qu'elle prenne aujourd'hui le parti de faire croire qu'elle ne veut pas la guerre ? Que diriez-vous, vous qui faites dépendre vos opinions de toutes ces apparences trompeuses et contradictoires, qu'on ne cesse de nous présenter pour tenir l'opinion en suspens ; que diriez-vous si elle n'avoit d'autre but que de se faire envoyer par l'assemblée nationale un second message qui la presseroit de faire, le plus tôt possible, cette guerre qu'elle désire, de manière qu'en la déclarant, elle ne parût que céder au vœu des représentans de la nation ?

Il est vrai que cette conjecture vraisemblable peut être effacée par une autre qui ne l'est pas moins ; mais qui ne seroit pas plus favorable au système que je combats : c'est celle que mes adversaires adoptent eux-mêmes quand ils supposent que la cour ne veut pas actuellement commencer la guerre, et qu'elle a intérêt de la différer quelque temps. Cette intention est possible encore ; elle peut même se concilier naturellement avec celle que je viens de développer : mais cela même est un des inconvéniens attachés au parti que vous prenez de vous livrer à des projets de guerre avec un gouvernement tel que le vôtre. Cela prouve que vous deviez déconcerter ses vues pernicieuses par des mesures d'une nature différente, comme je le ferai voir dans la suite c'est une nouvelle preuve que tous vos raisonnemens portent à faux, quand vous parlez toujours de la guerre, comme si elle devoit être faite et conduite par le peuple français en personne, et comme si nos ennemis intérieurs n'étoient pour rien dans tout cela.

Au lieu de débiter avec emphase tant de lieux communs sur les effets miraculeux de la déclaration des droits , et sur la conquête de la liberté du monde ; au lieu de nous réciter les exploits des peuples qui ont con-quis la leur en combattant contre leurs propres tyrans , il falloit calculer les circonstances où nous sommes , et les effets de notre consti-tution. N'est-ce pas au pouvoir exécutif seul qu'elle donne le droit de proposer la guerre , d'en faire les préparatifs , de la diriger, de la suspendre , de la ralentir, de l'accélérer , de choisir le moment et de régler les moyens de la faire ? Comment briserez-vous toutes ces entraves ? renverserez-vous cette même cons-titution , lors même que jusqu'ici vous n'avez pu déployer assez d'énergie pour la faire exé-cuter ? D'ailleurs , qu'opposeriez-vous à tant de motifs spécieux que le pouvoir exécutif vous présentera?que lui répondrez-vous,quand il vous dira , quand les princes étrangers vous prouveront, par des actes authentiques , qu'ils auront dissipé les rassemblemens , qu'ils au-ront pris toutes les mesures nécessaires pour les mettre hors d'état de tenter contre vous aucun projet hostile ? Quel prétexte légitime vous restera-t-il , lorsqu'ils vous auront donné la satisfaction que le pouvoir exécutif exigeoit au nom de la nation ? Il est vrai que bientôt on pourra recommencer sourdement les mêmes manœuvres ; il est vrai que l'on pourra ménager un moment favorable pour renouveler vos alarmes, et pour entreprendre une guerre sérieuse ou simulée, dirigée par notre gouvernement même ; mais avant que cette nouvelle intrigue éclate, comment la prouverez-vous ? quels moyens aurez-vous d'agir ? L'un veut attaquer les émigrés et les princes allemands ; les autres veulent déclarer la guerre à Léopold ; d'autres veulent qu'elle commence demain ; d'autres consentent à attendre que les préparatifs soient faits, ou que l'hiver soit passé ; d'autres enfin s'en rapportent au patriotisme du ministre, et à la sagesse du pouvoir exécutif, pour lesquels ils prétendent que nous devons avoir une pleine confiance. Mais au milieu de toutes ces opinions diverses, ce sera toujours le pouvoir exécutif seul qui décidera ; c'est la nature de la chose qui le veut ; c'étoit à vous à ne pas vous engager dans un système qui entraîne nécessairement tous ces inconvéniens, et qui nous met à la merci de la cour et du ministère. Mais quoi ! ne voyez-vous pas que le pouvoir exécutif recueille déjà les fruits de l'adresse avec laquelle il vous a attiré dans ses piéges ? Vous demandez s'il veut la guerre, quand il fera la guerre ; que lui importe ? que vous importe à vous-même ? il jouit déjà des avantages de la guerre ; et il est vrai de dire, en ce sens, que la guerre est déjà commencée pour vous. N'a-t-il pas déjà rassemblé des armées dont il dispose ? n'a-t-il pas déjà reçu des preuves solennelles de confiance et d'idolatrie de la part de nos représentans ? n'a-t-il pas obtenu des millions, dans le moment où la corruption est la plus dangereuse ennemie de la liberté ? n'a-t-il pas fait violer nos loix et remporté une victoire sur nos principes, en faisant donner à deux de ses généraux des honneurs extraordinaires et anticipés, qui ne retracent que l'esprit et les préjugés de l'ancien régime ? Un autre n'a-t-il pas obtenu le commandement de nos armées, dont les fonctions sacrées et délicates qu'il venoit de quitter , dont la constitution l'écartoit ? n'a-t-on pas vu le président du corps législatif prodiguant à cet individu des hommages que l'on pourroit à peine accorder impunément aux libérateurs de leur pays, donner à la nation le dangereux exemple du plus ridicule engouement ? N'a-t-on pas vu un homme destiné dès long-temps à l'exécution

des desseins de la cour, célèbre par la perti-
nacité avec laquelle il a suivi le projet ambitieux d'attacher à sa personne la multitude
des citoyens armés, provoquer et recevoir sur
son passage des honneurs qui étoient autant
d'insultes aux manes des patriotes immolés
au champ de la fédération, à ceux des soldats
égorgés à Nanci, autant d'outrages à la liberté
et à la patrie, autant de sinistres témoignages
des erreurs de l'opinion et de la foiblesse de
l'esprit public, autant d'effrayans pronostics
des maux que nous pouvons craindre de l'influence d'une coalition qui a déjà porté tant
de coups mortels à notre constitution ? La
violation des principes sur lesquels la liberté
repose, la décadence de l'esprit public, sont
des calamités plus terribles que la perte d'une
bataille, et elles sont le premier fruit du
plan ministériel que j'ai combattu. Que peut-on
attendre pour l'esprit public d'une guerre
commencée sous de tels auspices ? Les victoires
mêmes de nos généraux seroient plus funestes
que nos défaites mêmes Oui, quelle que soit
l'issue de ce plan, elle ne peut qu'être fatale.
Les émigrés prennent-ils le parti de se dissiper
sans retour ? ce qui seroit l'hypothèse la plus
favorable et la moins vraisemblable. Toute la
gloire en appartient à la cour et à ses parti-

sans ; et dès-lors ils écrasent le corps législatif de leur ascendant ; environnés des forces
immenses qu'ils ont rassemblées, objets de l'enthousiasme et de la confiance universelle , ils
peuvent poursuivre avec une incroyable facilité le projet de relever insensiblement leur
puissance sur les débris de la liberté foible
et mal affermie. Les apparences de paix
qu'ils semblent nous présenter, ne sont-elles
qu'un jeu perfide concerté avec nos ennemis
extérieurs, soit pour calmer les inquiétudes
des patriotes , en cachant leur ardeur pour la
guerre , soit pour la différer à une époque
plus favorable ?

Leur faut-il encore quelque délai pour
mieux préparer le succès de la grande
conspiration qu'ils méditent ? Enfin , ne
veulent-ils que sonder les esprits et épier
l'occasion, pour s'arrêter à celui de tous les
plans contraires à la liberté que les circonstances leur permettront d'adopter avec plus
de succès ? Quel que puisse être le résultat
de toutes ces combinaisons , il est un point
incontestable, c'est qu'il tient au parti im-
prudent qu'on a pris, qu'on semble vouloir
soutenir , au refus de vouloir reconnoître de
bonne foi les desseins de nos ennemis , et de
les déconcerter par les moyens convenables.
Ces moyens, quels sont-ils ?

Avant de les indiquer , je veux m'armer de l'autorité de l'assemblée nationale , qui avoit elle-même reconnu d'abord la nécessité de prendre des mesures d'une nature différente de celles qu'on a proposées depuis , parce que cette circonstance est propre à répandre une nouvelle lumière sur la question , et à mettre dans un jour plus grand la politique du parti contraire à la cause du peuple.

Celles qu'elle avoit adoptées tendoient , non à faire la guerre , que les intrigues de la cour nous préparoient depuis long-temps , mais à la prévenir ; je parle du premier décret sur les émigrés , dont la sagesse et l'utilité ont été attestées par le *veto*. Le plan de la cour exigeoit le *veto* , parce que la cour vouloit la guerre : la même raison imposoit à l'assemblée nationale la nécessité d'une ré-solution contraire , aussi sage et plus vigou-reuse que le premier décret. Je dirai tout-à-l'heure quelle étoit cette résolution. L'as-semblée nationale ne l'a point prise ; elle s'est laissée engager dans les défilés où le pouvoir exécutif vouloit l'amener ; un de ces hommes qui cachoient , sous le voile du patriotisme , les intentions les plus favorables pour la cause du pouvoir exécutif , l'a entraînée , par tous ces moyens plausibles et artificieux , qui subjuguent la crédulité de beaucoup de patriotes, à proposer elle-même des mesures hostiles contre les petits princes d'Allemagne.

La cour a saisi, comme de raison, cette ouverture avec avidité ; l'ancien ministre de la guerre, trop décrié, s'est retiré ; on en a montré un nouveau, qui a débuté par des démonstrations incroyables de patriotisme. Ensuite, on est venu annoncer des mesures de guerre ; le *veto* a été oublié, et même approuvé ; le seul parti sage que l'on pouvoit prendre, a été perdu de vue ; on est tombé aux genoux du ministre et du roi ; l'abandon, l'enthousiasme, l'engoûment est devenu le sentiment dominant ; tous les actes subséquens ont eu pour but de le faire passer dans l'ame de tous les Français ; la guerre, la confiance dans les agens de la cour a été le mot de rallîment, répété par tous les échos de la cour et du ministère ; le ministre même avoit osé se permettre des insinuations calomnieuses contre ceux qui démentiroient ce langage ; et si nous avions eu la foiblesse de céder ici aux conseils timides qui nous imposoient le silence sur une si grande question, ce penchant funeste n'eût pas même été balancé par le plus léger contrepoids, et on eût été dispensé de pren-

dre les nouveaux détours qu'on emploie,
qu'on emploiera encore pour nous tromper.

Cependant, voyez quels avantages cette
conduite donnoit à la cour; ce n'étoit point
assez de paralyser le corps législatif, de con-
tredire le vœu du peuple impunément, et
de l'aveu du peuple même, de prendre sur
l'assemblée nationale un fatal ascendant, et
de paroître, aux yeux de la nation, l'arbitre
des destinées de l'état; elle parvenoit à son
but favori, de s'entourer d'une grande force
publique à ses ordres, et de nous constituer
en état de guerre, sans exciter la défiance,
sans trahir ses désirs et son secret, en pa-
roissant se rendre au vœu de l'assemblée nationale. La protection constante que le ministère avoit accordée aux émigrations et aux
émigrans; son attention à favoriser la sortie
des armes et de notre numéraire; son silence
imperturbable sur tout ce qui se passoit depuis deux ans chez les princes étrangers; le
concert ardent qui régnoit entre lui et les
cours de l'Europe; le refus constant de se
rendre aux plaintes de tous les départemens
qui demandoient des armes pour les gardes
nationales; tous les faits qui annonçoient
le projet de nous placer entre la crainte d'une
guerre extérieure et le sentiment de notre

foiblesse intérieure , entre la guerre civile et une attaque étrangère , pour nous amener à une honteuse capitulation sur la liberté ; enfin , le *veto* contre le décret qui rompoit toutes ces mesures ; et ensuite, la proposition des mesures de guerre contre ceux que l'on protégeoit ; c'est en vain que le concours de toutes ces circonstances révéloit aux hommes les moins clairvoyans le secret de la cour , annonçoit qu'elle étoit enfin parvenue , par des routes détournées , au grand but de toutes ses manœuvres, qui étoit la guerre simulée ou sérieuse. On oublioit que c'étoit elle qui nous l'avoit suscitée ; pour la remercier de son zèle à la proposer , on la félicitoit du succès de ses propres perfidies , et on sembloit craindre que le peuple ne fût ni assez confiant, ni assez aveugle. Tels sont les dangers auxquels la bonne foi des députés du peuple est exposée, que, guidée par le même sentiment de patriotisme , et dans la même affaire, la majorité de nos représentans, après avoir rendu un décret pour prévenir la guerre préparée par nos ennemis du dedans , inclinoit elle-même à la guerre, lorsque ceux-ci venoient la provoquer , et prenoit des mains du pouvoir exécutif, le poison pour nous le

présenter ,

présenter, parce que le pouvoir exécutif ne lui avoit pas permis d'appliquer le remède.

Que falloit-il donc faire, et que peut-on faire encore? Il falloit persister dans la première mesure, puisque le salut de l'état l'exigeoit, et que le vœu de la nation la réclamoit, puisque la conduite contraire compromettoit la liberté et l'autorité des représentans. Il falloit maintenir la constitution qui refuse formellement au pouvoir exécutif le droit d'anéantir d'une manière absolue les décrets du corps législatif, et sur-tout de lui ôter le pouvoir de sauver l'état. A qui appartient-il de défendre les principes de la constitution attaqués ? Quel en est l'interprète légitime, si ce ne sont les représentans du peuple, à moins qu'on n'aime mieux dire que c'est le peuple lui même ? Or, je pense que les intrigans de la cour et tous les ennemis du peuple n'aimeroient pas mieux son tribunal que celui de ses délégués. Le corps législatif pouvoit donc, il devoit déclarer le *veto* contraire au salut du peuple et à la constitution. Ce coup de vigueur eût étourdi la cour ; il eût déconcerté la ligue de nos ennemis, et épouvanté tous les tyrans. Vous auriez vu ceux qui veulent entraîner dans le même précipice

et le peuple et le monarque perdre aussi
toute leur audace et toutes leurs ressources,
qui ne sont fondées que sur l'influence de
leur parti dans l'assemblée nationale ; ils n'auroient osé tenter contre elle une lutte inutile
et terrible ; ou s'ils l'avoient osé, le vœu public hautement prononcé, l'intérêt public,
l'indignation qu'inspiroit l'audace des rebelles,
et la protection qui leur étoit donnée, le génie de la nation enfin éveillé dans cette occasion heureuse, par la vertu des représentans autant que par l'intérêt suprême du salut public, auroit assuré la victoire à l'assemblée nationale, et cette victoire eût été celle
de la raison et de la liberté : c'étoit là une
de ces occasions uniques dans l'histoire des
révolutions que la providence présente aux
hommes, et qu'ils ne peuvent négliger impunément ; puisqu'enfin il faut que tôt ou
tard le combat s'engage entre la cour et l'assemblée nationale, ou plutôt puisque dès long-
temps il s'est engagé entre l'une et l'autre un
combat à mort, il falloit saisir ce moment, alors
nous n'aurions pas eu à craindre de voir le
pouvoir exécutif avilir et maîtriser nos représentans, les condamner à une honteuse inac-
tion, ou ne leur délier les mains que pour
augmenter sa puissance, et favoriser ses vues

secrètes ; dès-lors nous n'aurions pas été me-
nacés du malheur de voir tous les efforts du patriotisme échouer contre la puissance active
de l'intrigue , et contre la force d'inertie,
de l'ignorance , de la foiblesse et de la lâ-
cheté.

Ce qu'on a pu faire alors, peut-on le faire
encore? Peut-être avec moins d'avantage et de
facilité : ce n'est pas que les représentans du
peuple n'aient toujours le droit de le sauver ;
ce n'est pas qu'ils puissent jamais renoncer à
ce droit ; ce n'est pas que je ne pense encore qu'ils ont assez de crédit auprès de lui
pour lui faire connoître son véritable intérêt , quand c'est de bonne foi qu'ils le défendent, et même que le bon sens du peuple éclairé par cet intérêt sacré n'aille quelquefois plus loin à cet égard que la sagacité
même de ses représentans ; je pense même
que l'opinion publique sur les causes et sur
but de la guerre proposée , s'est déjà assez
clairement manifestée pour faire pressentir
que le peuple désire de voir l'assemblée nationale revenir à une résolution plus utile à
ses intérêts , et moins favorable aux projets
criminels de ses ennemis. Cependant je ne
me dissimule pas que ce parti pourroit ren-
contrer des difficultés d'un autre genre; que

les hommes reviennent difficilement sur leurs
premières démarches; que quelquefois même,
à force d'avoir raison, on devient insurporta-
ble et presque suspect; et qu'en demeurant
toujours invariablement attaché à la vérité
et aux seuls principes qui puissent sauver la patrie, on s'expose aux attaques de tous les
sages, de tous les modérés, de tous ces mortels privilégiés qui savent concilier la vérité
avec le mensonge, la liberté avec la tyrannie, le vice avec la vertu.

Je me garderai donc bien de proposer ce
parti sévère, de déployer cette roideur in-
flexible; je transige, je demande à capi-
tuler.

Je ne m'occuperai donc pas de ce *veto*
lancé au nom du roi, par des hommes qui
se soucient fort peu du roi, mais qui détestent
le peuple, et voudroient se baigner dans le
sang des patriotes, pour régner.... Mais je
dis que dans la position où ce *veto* et les
faits qui l'ont suivi ont mis l'assemblée nationale et la nation, il ne reste plus qu'un
moyen de salut paisible et constitutionnel;
c'est que l'assemblée législative reprenne un
caractère d'autant plus imposant, qu'elle a
jusqu'ici laissé plus d'avantages aux ministres
et à leurs valets; c'est qu'elle comprenne

que ses ennemis, comme ceux du peuple,
sont les ennemis de l'égalité ; que le seul ami
le seul soutien de la liberté, c'est le peuple ;
c'est qu'elle soit fière et inexorable pour les
ministres et pour la cour ; sensible et respec-
tueuse pour le peuple ; c'est qu'elle se hâte de
porter les loix que sollicite l'intérêt des citoyens les plus malheureux, et que repous-
sent l'orgueil et la cupidité de ceux que l'on
appeloit grands ; c'est qu'elle se hâte de faire
droit sur les plaintes du peuple, que l'assemblée constituante a trop négligées ; c'est qu'elle
oppose au pouvoir de l'intrigue, de l'or, de la
force, de la corruption, la puissance de la
justice, de l'humanité, de la vertu ; c'est
qu'elle use des moyens immenses qui sont
entre ses mains, de remonter l'esprit public
et la chaleur du patriotisme au degré des
premiers jours où la liberté fut conquise
pour un moment ; l'esprit public sans lequel
la liberté n'est qu'un mot, avec lequel toutes
les puissances étrangères et intérieures vien-
dront se briser contre les bases de la constitution française. Je ne citerai qu'un exemple :
on travaille votre armée ; si vous êtes là-dessus dans une profonde sécurité, si tout ce
qui se passe depuis quelque temps, si les
voyages mêmes et les cajoleries de votre nou-

veau ministre ne vous sont pas suspectes ,
vous vous trompez cruellement ; on lui donne
des chefs propres à la ramener aux vils sentimens du royalisme et de l'idolatrie , sous
les spécieux prétextes de l'ordre , de l'honneur et de la monarchie. Eh bien ! déployez
votre autorité législative , pour rendre aux
soldats des avantages que les principes de la
constitution , d'accord avec la discipline militaire , leur assuroient , et que l'intérêt des
patriciens militaires de l'assemblée constituante leur a ravis ; consultez le code militaire et vos principes , et l'armée est au
peuple et à vous..,. Je n'en dirai pas davantage.... On sait assez , sans que je le dise ,
par quels moyens les représentans du peuple
peuvent le servir, l'honorer , l'élever à la hau-
teur de la liberté , et forcer l'orgueil et tous
les vices à baisser devant lui un front respec-
tueux. Chacun sent que si l'assemblée nationale déploie ce caractère, nous n'aurons plus
d'ennemis. Ce seroit donc en vain que mes adversaires voudroient rejeter ces moyens-là ,
sous le prétexte qu'ils seroient trop simples,
trop généreux ; on ne se dispense pas de remplir un devoir sacré, en cherchant à donner
à la place un supplément illusoire et perni-
cieux. Lorsqu'un malade capricieux refuse

un remède salutaire, et puis un autre, et qu'il dit : « je veux guérir avec du poison », s'il meurt, ce n'est point au remède qu'il faut s'en prendre, c'est au malade. Que, réveillé, encouragé par l'énergie de ses représentans, le peuple reprenne cette attitude qui fit un moment trembler tous ses oppresseurs; domptons nos ennemis du dedans; guerre aux conspirateurs et au despotisme, et ensuite marchons à Léopold; marchons à tous les tyrans de la terre : c'est à cette condition qu'un nouvel orateur, qui, à la dernière séance, a soutenu mes principes, en prétendant qu'il les combattoit, a demandé la guerre; c'est à cette condition, et non au cri de guerre et aux lieux communs sur la guerre, dès long-temps appréciés par cette assemblée, qu'il a dû les applaudissemens dont il a été honoré.

C'est à cette condition que moi-même je demande à grands cris la guerre. Que dis-je ? Je vais bien plus loin que mes adversaires eux-mêmes; car si cette condition n'est pas remplie, je demande encore la guerre; je la demande, non comme un acte de sagesse, non comme une résolution raisonnable, mais comme la ressource du désespoir; je la demande à une autre condition, qui, sans doute, est convenue entre nous; car je ne pense pas que les avocats de la guerre aient voulu nous tromper ; je la demande telle qu'ils nous la dépeignent ; je la demande telle que le génie de la liberté la déclareroit, telle que le peuple français la feroit lui même, et non telle que de vils intrigans pourroient la désirer, et telle que des ministres et des généraux, même patriotes, pourroient nous la faire.

Français ! hommes du 14 juillet, qui sûtes conquérir la liberté sans guide et sans maître, venez, formons cette armée qui doit affranchir l'univers. Où est-il le général, qui, imperturbable défenseur des droits du peuple, éternel ennemi des tyrans, ne respira jamais l'air empoisonné des cours, dont la vertu austère est attestée par la haine et par la disgrace de la cour ; ce général, dont les mains pures du sang innocent et des dons honteux du despotisme, sont dignes de porter devant nous l'étendard sacré de la liberté ? où est-il ce nouveau Caton, ce troisième Brutus, ce héros encore inconnu ? qu'il se reconnoisse à ces traits ; qu'il vienne ; mettons-le à notre tête... Où est-il ? Où sont ils ces héros, qui, au 14 juillet, trompant l'espoir des tyrans, déposèrent leurs armes aux pieds de la patrie alarmée ? Soldats de Château-Vieux, approchez, venez

guider nos efforts victorieux. . . . Où étes-
vous ?... Hélas! on arracheroit plutôt sa proie
à la mort, qu'au despotisme ses victimes !
Citoyens, qui, les premiers, signalâtes votre
courage devant les murs de la Bastille ,
venez, la patrie, la liberté vous appelle aux
premiers rangs. Hélas ! on ne vous trouve
nulle part ; la misère, la persécution , la
haine de nos despotes nouveaux vous a dis-
persés. Venez, du moins, soldats de tous ces
corps immortels qui ont déployé le plus ardent amour pour la cause du peuple. Quoi !
le despotisme que vous aviez vaincu vous a
punis de votre civisme et de votre victoire ;
quoi ! frappés de cent mille ordres arbitraires
et impies, cent mille soldats, l'espoir de la
liberté , sans vengeance , sans état et sans
pain, expient le tort d'avoir trahi le crime
pour servir la vertu ! Vous ne combattrez
pas non plus avec nous, citoyens, victimes
d'une loi sanguinaire, qui parut trop douce
encore à tous ces tyrans qui se dispensèrent
de l'observer pour vous egorger plus promp-
tement. Ah ! qu'avoient fait ces femmes, ces
enfans massacrés ? Les criminels tout-puis-
sans ont-ils peur aussi des femmes et des enfans ? Citoyens du Comtat, de cette cité mal-
heureuse , qui crut qu'on pouvoit impuné-

ment réclamer le droit d'être Français et libres ; vous qui pérîtes sous les coups des assassins encouragés par nos tyrans ; vous qui languissez dans les fers où ils vous ont plongés , vous ne viendrez point avec nous : vous ne viendrez pas non plus , citoyens infortunés et vertueux, qui dans tant de provinces avez succombé sous les coups du fanatisme, de l'aristocratie et de la perfidie ! Ah ! Dieu ! que de victimes , et toujours dans le peuple, toujours parmi les plus généreux patriotes ; quand les conspirateurs puissans respirent et triomphent !

Venez au moins, gardes nationales qui vous êtes spécialement dévouées à la défense de nos frontières dans cette guerre dont une cour perfide nous menace', venez. Quoi ! vous n'êtes point encore armés ? quoi ! depuis deux ans vous demandez des armes, et vous n'en avez pas ? Que dis-je ? on vous a refusé des habits, on vous condamne à errer sans but , de contrées en contrées, objet des mépris du ministère et de la risée des patriciens insolens qui vous passent en revue, pour jouir de votre détresse. N'importe , venez ; nous confondrons nos fortunes pour vous acheter des armes ; nous combattrons tout nus , comme les Américains.... venez

Mais attendrons-nous, pour renverser les trônes des despotes de l'Europe, attendrons-nous les ordres du bureau de la guerre? Consulterons-nous, pour cette noble entreprise, le génie de la liberté ou l'esprit de la cour? Serons-nous guidés par ces mêmes patriciens, ses éternels favoris, dans la guerre déclarée au milieu de nous, entre la noblesse et le peuple? Non. Marchons nous-mêmes à Léopold ; ne prenonsconseil que de nous-mêmes. Mais, quoi! voilà tous les orateurs de la guerre qui m'arrêtent ; voilà M. Brissot qui me dit qu'il faut que M. *le comte de Narbonne* conduise toute cette affaire ; qu'il faut marcher sous les ordres de *M. le marquis de la Fayette....* que c'est au pouvoir exécutif qu'il appartient de mener la nation à la victoire et à la liberté. Ah ! Français ! ce seul mot a rompu tout le charme ; il anéantit tous mes projets. Adieu la liberté des peuples. Si tous les sceptres des princes d'Allemagne sont brisés , ce ne sera point par de telles mains. L'Espagne sera quelque temps encore l'esclave de la superstition du royalisme et des préjugés ; le Stathouder et sa femme ne sont point encore détrônés ; Léopold continuera d'être le tyran de l'Autriche, du Milanès, de la Toscane , et nous ne verrons point de sitôt Caton et Ci-

céron rémplacer au conclave le pape et les
cardinaux. Je le dis avec franchise ; si la
guerre , telle que je l'ai présentée , est impra-
ticable , si c'est la guerre de la cour , des
midistres , des patriciens , des intrigans , qu'il
nous faut accepter , loin de croire à la liberté
universelle , je ne crois pas même à la vôtre ;
et tout ce que nous pouvons faire de plus
sage , c'est de la défendre contre la perfidie
des ennemis intérieurs , qui vous bercent de
ces douces illusions.

Je me résume donc froidement et triste-
ment. J'ai prouvé que la guerre n'étoit entre
les mains du pouvoir exécutif qu'un moyen
de renverser la constitution , que le dénoû-
ment d'une trame profonde , ourdie pour
perdre la liberté. Favoriser ce projet de
guerre , sous quelque prétexte que ce soit ,
c'est donc mal servir la cause de la liberté.
Tout le patriotisme du monde, tous les lieux
communs de politique et de morale , ne chan-
gent point la nature des choses , ni le résultat
nécessaire de la démarche qu'on propose.
Prêcher la confiance dans les intentions du
pouvoir exécutif, justifier ses agens, appeler
la faveur publique sur ses généraux, repré-
senter la défiance *comme un état affreux* ,
ou comme un moyen *de troubler le concert*

de deux pouvoirs et l'ordre public, c'étoit donc ôter à la liberté sa dernière ressource, la vigilance et l'énergie de la nation. J'ai dû combattre ce système ; je l'ai fait ; je n'ai voulu nuire à personne ; j'ai voulu servir ma patrie en réfutant une opinion dangereuse ; je l'aurois combattue de même, si elle eût été proposée par l'être qui m'est le plus cher.

Dans l'horrible situation où nous ont conduits le despotisme, la foiblesse, la légéreté et l'intrigue, je ne prends conseil que de mon cœur et de ma conscience ; je ne veux avoir d'égards que pour la vérité, de condescendance pour l'infortune, de respect que pour le peuple. Je sais que des patriotes ont blâmé la franchise avec laquelle j'ai présenté le tableau décourageant, à ce qu'ils prétendent, de notre situation. Je ne me dissimule pas la nature de ma faute. La vérité n'a-t-elle pas déjà trop de torts d'être la vérité ? comment lui pardonner, lorsqu'elle vient, sous des formes austères, en nous enlevant d'agréables erreurs, nous reprocher tacitement l'incrédulité fatale avec laquelle on l'a trop long-temps repoussée ? est-ce pour s'inquiéter et pour s'affliger qu'on embrasse la cause du patriotisme et de la liberté ? Pourvu que le sommeil soit doux et non interrompu, qu'importe qu'on se réveille au bruit des chaînes de sa patrie, ou dans le calme plus affreux de la servitude ? Ne troublons donc pas le quiétisme politique de ces heureux patriotes ; mais qu'ils apprennent que, sans perdre la tête, nous pouvons mesurer toute la profondeur de l'abîme. Arborons la devise du palatin de Posnanie; elle est sacrée, elle nous convient. *Je préfère les orages de la liberté au repos de l'esclavage.* Prouvons aux tyrans de la terre que la grandeur des dangers ne fait que redoubler notre énergie, et qu'à quelque degré que montent leur audace et leurs forfaits, le courage des hommes libres s'élève encore plus haut. Qu'il se forme contre la vérité des ligues nouvelles, elles disparoîtront ; la vérité aura seulement une plus grande multitude d'insectes à écraser sous sa massue. Si le moment de la liberté n'étoit pas encore arrivé, nous aurions le courage patient de l'attendre ; si cette génération n'étoit destinée qu'à s'agiter dans la fange des vices où le despotisme l'a plongée ; si le théâtre de notre révolution ne devoit montrer aux yeux de l'univers que les préjugés aux prises avec les préjugés, les passions avec les passions, l'orgueil avec l'orgueil, l'égoïsme avec l'égoïsme, la perfidie avec la perfidie,

la génération naissante , plus pure , plus fi-
dèle aux loix sacrées de la nature, commen-
cera à purifier cette terre souillée par le crime;
elle apportera , non la paix du despotisme ,
ni les honteuses agitations de l'intrigue , mais
le feu sacré de la liberté , et le glaive ex-
terminateur des tyrans ; c'est elle qui relevera
le trône du peuple, dressera des autels à la
vertu , brisera le piédestal du charlatanisme,
et renversera tous les monumens du vice et
de la servitude. Doux et tendre espoir de l'humanité , postérité naissante , tu ne nous es
point étrangère; c'est pour toi que nous af-
frontons tous les coups de la tyrannie ; c'est
ton bonheur qui est le prix de nos pénibles
combats : découragés souvent par les objets
qui nous environnent, nous sentons le besoin
de nous élancer dans ton sein ; c'est à toi
que nous confions le soin d'achever notre
ouvrage , et la destinée de toutes les géné-
rations d'hommes qui doivent sortir du néant !
Que le mensonge et le vice s'écartent à ton
aspect; que les premières leçons de l'amour
maternel te préparent aux vertus des hommes libres ; qu'au lieu des chants empoison-
nés de la volupté , retentissent à tes oreilles
les cris touchans et terribles des victimes du
despotisme ; que les noms des martyrs de la

liberté occupent dans ta mémoire la place qu'avoient usurpée dans la nôtre ceux des des héros de l'imposture et de l'aristocratie ; que tes premiers spectacles soient le champ de la fédération inondé du sang des plus vertueux citoyens ; que ton imagination ardente et sensible erre au milieu des cadavres des soldats de Château-Vieux, sur ces galères horribles où le despotisme s'obstine à retenir les malheureux que réclament le peuple et la liberté ; que ta première passion soit le mépris des traîtres et la haine des tyrans ; que ta devise soit : Protection, amour, bienveillance pour les malheureux, guerre éternelle aux oppresseurs ! Postérité naissante, hâte-toi de croître et d'amener les jours de l'égalité, de la justice, et du bonheur !

La société des amis de la conſtitution ſéante aux Jacobins a arrêté, dans ſa ſéance du 11 janvier 1792, 1°. que les diſcours de M. Robeſpierre, des 2 & 12 janvier 1792, ſeroient imprimés à un très-grand nombre d'exemplaires. 2°. Qu'ils ſeroient diſtribués aux membres de la ſociété & aux tribunes. 3° Qu'ils ſeroient envoyés aux ſociétés affiliées, avec invitation à les faire réimprimer, & à étendre la publicité des vérités qu'ils renferment, par tous les moyens qui ſont en leur pouvoir. 4°. Sur la propoſition de pluſieurs membres, elle a ouvert dans ſon ſein une ſouſcription pour multiplier davantage les exemplaires de cet ouvrage. 5°. Elle a nommé des commiſſaires particuliers pour l'exécution du préſent arrêté.

ANTONELLE, préſident ; ALBITTE, BROUSSONNET *députés à l'assemblée nationale* ; J. BOISGUYON, H. BANCAL, ROUSSEL, AL. MERLIN, ſecrétaires.